ΔΙΕΞΑΓΩΓΗ ΕΡΕΥΝΑΣ ΑΓΟΡΑΣ

Το κλειδί για μια καλή επιχείρηση είναι ο σχεδιασμός

ΔΙΕΞΑΓΩΓΗ ΕΡΕΥΝΑΣ ΑΓΟΡΑΣ

Το κλειδί για μια καλή επιχείρηση είναι ο σχεδιασμός

γραμμένο από Julien Duvivier
μεταφρασμένο από Lina Sideris

50MINUTES.com

ΔΙΕΞΑΓΩΓΗ ΕΡΕΥΝΑΣ ΑΓΟΡΑΣ

- **Πρόβλημα;** Πώς μπορώ να πραγματοποιήσω μια μελέτη αγοράς που θα μου επιτρέψει να έχω μια σαφή ιδέα πριν από την κυκλοφορία του προϊόντος/υπηρεσίας μου;

- **Γιατί είναι χρήσιμο;** Η καλά διεξαχθείσα έρευνα αγοράς παρέχει μια βάση και μια μέθοδο για όποιον επιθυμεί να ιδρύσει μια επιχείρηση.

- **Επαγγελματικό πλαίσιο ?** Μάρκετινγκ, coaching, ανάπτυξη δικτύων, δημιουργία επιχειρήσεων, διαχείριση έργων.

- **ΣΥΧΝΕΣ ΕΡΩΤΗΣΕΙΣ ?**

  - Είναι πραγματικά απαραίτητη η έρευνα αγοράς;

  - Πώς να μορφοποιήσω την έρευνά μου για την αγορά;

  - Ποια είναι η διαφορά μεταξύ μιας μελέτης αγοράς και ενός επιχειρηματικού σχεδίου;

  - Πώς μπορώ να διενεργήσω έρευνα εάν πωλώ τα προϊόντα/υπηρεσίες μου μόνο μέσω του Διαδικτύου;

  - Πόσο κοστίζει η έρευνα αγοράς;

  - Πώς μπορώ να ξέρω αν η μελέτη μου είναι αξιόπιστη;

  - Ποια μέθοδο πρέπει να υιοθετήσω εάν το έργο μου είναι εντελώς καινοτόμο;

Η έρευνα αγοράς είναι μια έννοια που μπορεί να φαίνεται τρομακτική. Πολλοί άνθρωποι, στα σχέδιά τους να ξεκινήσουν μια επιχείρηση, αποθαρρύνονται προτού καν εξετάσουν τι ακριβώς είναι αυτό.

Ωστόσο, πρόκειται για ένα κρίσιμο στάδιο, το οποίο, μακριά από την επιβεβαίωση της βιωσιμότητας του σχεδίου σας, θα πρέπει να σας επιτρέψει να αντιμετωπίσετε τις προβλέψεις και τις διαισθήσεις σας με την πραγματικότητα του εξωτερικού κόσμου. Αυτός ο εξωτερικός κόσμος είναι ακριβώς αυτό που αποκαλούμε αγορά σας. Όπως κάθε περιοχή, έχει τον δικό της τρόπο λειτουργίας και τους δικούς της κανόνες. Θα συναντήσετε τους ανταγωνιστές σας και την πελατεία σας, θα ενδιαφερθείτε για τους ισχύοντες κανονισμούς και, συγκρίνοντας όλες αυτές τις παραμέτρους, θα μπορέσετε να προσδιορίσετε τη θέση σας, τον προβλεπόμενο κύκλο εργασιών σας, την εμπορική σας πολιτική κ.λπ.

Όλη αυτή η ορολογία μπορεί να ακούγεται τρομακτική, αλλά στην πραγματικότητα έχει μόνο έναν σκοπό: να σας επιτρέψει να ξεκινήσετε την επιχείρησή σας με πλήρη γνώση του τι σας περιμένει. Η έρευνα αγοράς θα σας εξοικονομήσει πολύτιμο χρόνο αν ανακαλύψετε ότι η ιδέα σας δεν ανταποκρίνεται στις ανάγκες του τομέα. Θα σας βοηθήσει επίσης να καταστήσετε το έργο σας βιώσιμο μακροπρόθεσμα, προβλέποντας τις αλλαγές στην αγορά σας.

Είτε είστε ειδικός στον τομέα-στόχο σας είτε εντελώς αρχάριος, το στάδιο αυτό είναι απαραίτητο, έστω και μόνο για να καθορίσετε τον προβλεπόμενο κύκλο εργασιών, να βελτιώσετε την τεχνική των πωλήσεών σας ή να καταρτίσετε ένα επιχειρηματικό σχέδιο που θα πείσει τους οικονομικούς σας εταίρους. Πράγματι, αν και δεν αποτελεί οριστική και 100% αξιόπιστη πρόβλεψη για το μέλλον της επιχείρησής σας, η έρευνα αγοράς αποτελεί ωστόσο τον ακρογωνιαίο λίθο.

Αυτό το βιβλίο έχει ως στόχο να σας βάλει στο σωστό δρόμο και να διασφαλίσει ότι η έρευνα αγοράς, η οποία δεν θα είναι μια αγγαρεία, θα είναι προσαρμοσμένη στις ανάγκες σας και θα αποτελέσει πραγματικό εφαλτήριο για το έργο σας.

ΠΡΟΚΑΤΑΡΚΤΙΚΕΣ ΕΚΤΙΜΗΣΕΙΣ

ΜΙΑ ΑΓΟΡΑ: ΑΛΛΑ ΤΙ ΑΛΛΟ;

Η αγορά είναι ένας χώρος (φυσικός ή εικονικός) όπου τα άτομα που ονομάζονται πελάτες ή ζητούντες συναντούν άλλα άτομα, που ονομάζονται προμηθευτές, τα οποία μπορούν να ικανοποιήσουν τις ανάγκες των πρώτων και συχνά ακόμη και να τις δημιουργήσουν. Η περιγραφή αυτή ισχύει εξίσου για την αγορά φρούτων και λαχανικών στο τέλος του δρόμου και για την αγορά εργασίας (όπου οι προμηθευτές είναι επιχειρήσεις και οι αναζητούντες είναι άτομα που αναζητούν εργασία).

 **ΚΑΛΟ ΕΙΝΑΙ ΝΑ ΓΝΩΡΙΖΕΤΕ**

Σύμφωνα με έρευνα που διεξήγαγε η APCE (Γαλλική Υπηρεσία για τη Δημιουργία Επιχειρήσεων) το 2005, πάνω από το 70% των αποτυχιών των νέων επιχειρήσεων οφείλονται σε εμπορικά προβλήματα, δηλαδή σε λανθασμένη εκτίμηση του κύκλου εργασιών και της εμπορικής στρατηγικής που πρέπει να εφαρμοστεί, τα οποία είναι άμεσο αποτέλεσμα της μελέτης αγοράς.

ΓΙΑΤΙ ΕΡΕΥΝΑ ΑΓΟΡΑΣ;

- Ο πρώτος στόχος της μελέτης σας είναι η κερδοφορία. Πρέπει να πουλάτε αρκετά προϊόντα ή υπηρεσίες ώστε τα έσοδά σας να υπερβαίνουν τα έξοδά σας. Για να το κάνετε αυτό, πρέπει να γνωρίζετε τις κύριες τάσεις στην αγορά σας, τα δυνατά και αδύνατα σημεία σας κ.λπ. Πρέπει να έχετε μια επιχειρηματική στρατηγική που να βασίζεται σε απτά στοιχεία. Ειδικότερα, πρέπει να γνωρίζετε ποιοι είναι οι πελάτες και οι πιθανοί ανταγωνιστές σας και σε ποια τιμή μπορείτε να πουλήσετε τα προϊόντα σας.

- Ο δεύτερος στόχος είναι η ανάπτυξη και η βιωσιμότητα. Η προσφορά σας έχει περιορισμένη διάρκεια και θα έχει :

  - μια φάση εκκίνησης και ανάπτυξης (η οποία θα περιλαμβάνει επενδύσεις και, ως εκ τούτου, μια ανάγκη για κεφάλαιο κίνησης που θα πρέπει να προβλεφθεί),

  - μια φάση ωριμότητας (κατά την οποία θα πρέπει να προσαρμόσετε τις τιμές σας και να αναπροσαρμόσετε τα προϊόντα ή τις υπηρεσίες σας για να διατηρήσετε τους πελάτες σας),

  - και μια φάση παρακμής (η οποία δεν σημαίνει ότι το έργο σας θα πέσει στο κενό, αλλά ότι θα πρέπει να βρει την ταχύτητά του και/ή να ανανεωθεί για να αντέξει με την πάροδο του χρόνου).

Χωρίς να ισχυρίζεται ότι μπορεί να προβλέψει με ακρίβεια πότε και πώς θα πραγματοποιηθούν όλα αυτά τα στάδια, στόχος της μελέτης αγοράς είναι να καθορίσει εκ των προτέρων τα ορόσημα και να λάβει όλες τις απαραίτητες προφυλάξεις ώστε να διασφαλίσει ότι δεν θα υπάρξουν δυσάρεστες εκπλήξεις που θα καταστήσουν το έργο σας άχρηστο.

👁 ΚΑΛΟ ΕΙΝΑΙ ΝΑ ΓΝΩΡΙΖΕΤΕ

Η απαίτηση κεφαλαίου κίνησης (WCR) είναι το χρηματικό ποσό που πρέπει να έχετε (ταμειακή ροή) για να καλύψετε τις επενδύσεις σας. Αυτό αποτελεί κεντρικό ζήτημα στη ζωή μιας επιχείρησης, και μάλιστα στη φάση εκκίνησης, όταν πραγματοποιούνται σημαντικές δαπάνες (εγκαταστάσεις, προμηθευτές, μάρκετινγκ και επικοινωνία), ενώ δεν έχουν ακόμη εισπραχθεί οι πωλήσεις προϊόντων ή υπηρεσιών.

ΠΟΤΕ ΝΑ ΞΕΚΙΝΗΣΕΤΕ ΜΙΑ ΕΡΕΥΝΑ ΑΓΟΡΑΣ;

Δεν υπάρχουν πραγματικοί κανόνες. Ιδανικά, η έρευνα και τα βήματα γίνονται μερικούς μήνες πριν από την έναρξη και πριν από τη χάραξη της στρατηγικής, η οποία γενικά θα βασίζεται στα αποτελέσματα της μελέτης. Αλλά εξαρτάται επίσης από την πολυπλοκότητα του έργου, τη διαθεσιμότητά σας, τις ευκαιρίες κ.λπ. Αυτοί οι παράγοντες μπορεί να σας οδηγήσουν να διεξάγετε πρόσθετη έρευνα ή να παραλείψετε ορισμένες συγκρίσεις που θεωρείτε περιττές.

ΒΑΣΙΚΑ ΣΤΟΙΧΕΙΑ ΤΗΣ ΕΡΕΥΝΑΣ ΑΓΟΡΑΣ: ΑΠΛΟΤΗΤΑ ΚΑΙ ΡΕΑΛΙΣΜΟΣ

Το σχέδιο δράσης που προτείνουμε θα σας επιτρέψει να διεξάγετε τη μελέτη σας με την απλότητα και τον ρεαλισμό που πρέπει να διέπουν αυτού του είδους την άσκηση.

Η έρευνα αγοράς βασίζεται γενικά σε δύο πυλώνες:

1. η μελέτη γραφείου, σε "μακροσκοπικό" επίπεδο, συνίσταται στη συλλογή ήδη διαθέσιμων πληροφοριών σχετικά με την αγορά-στόχο. Χωρίζεται σε δύο υποενότητες:

   a. ορισμός του στόχου,

   b. ταυτοποίηση των ανταγωνιστών και των ισχυόντων κανονισμών ,

2. η μελέτη πεδίου, σε "μικροεπίπεδο", συνίσταται στη συλλογή δεδομένων "στην πηγή" προκειμένου να συγκριθούν τα αποτελέσματα της μελέτης τεκμηρίωσης με την πραγματικότητα της αγοράς.

ΒΙΒΛΙΟΓΡΑΦΙΚΗ ΑΝΑΣΚΟΠΗΣΗ – ΜΕΡΟΣ 1

Η μελέτη γραφείου θα σας βοηθήσει πρώτα απ' όλα να καθορίσετε τον στόχο σας. Για να γίνει αυτό, απαιτούνται διάφορα βήματα.

Τμήματα και προφίλ πελατών

Θα πρέπει πρώτα να προσδιορίσετε τμήματα και προφίλ πελατών.

- Η τμηματοποίηση της πελατειακής σας βάσης σημαίνει τον καθορισμό ενός τυπικού προφίλ πελάτη για κάθε προσφορά που θέλετε να κάνετε, π.χ. ανάλογα με την ηλικία, το φύλο, την τοποθεσία, την αγοραστική δύναμη, το μορφωτικό επίπεδο κ.λπ. Το ίδιο ισχύει και για τις εταιρείες, αν αυτό είναι το είδος των πελατών που θέλετε να απευθυνθείτε. Ο αριθμός των εργαζομένων, ο τομέας δραστηριότητας ή η επικράτεια αποτελούν καθοριστικά κριτήρια για τον προσδιορισμό των ατόμων στα οποία απευθύνεται κυρίως η προσφορά σας. Μπορείτε να προσαρμόσετε την προσφορά σας ανάλογα με τις πληροφορίες που λαμβάνετε για το(τα) τμήμα(τα) που έχετε προσδιορίσει. Η τμηματοποίηση είναι το σημείο εκκίνησης για τον προβληματισμό σας: θα εξελιχθεί και πολύ πιθανόν να αναπροσαρμοστεί καθώς η έρευνά σας εξελίσσεται, ή ακόμη και να αλλάξει κατά τη διάρκεια της επιτόπιας μελέτης.

- Ο καθορισμός του προφίλ του πελάτη ισοδυναμεί με την ταυτοποίηση, σε ορισμένες αγορές, του συνταγογράφου και του αγοραστή, ενώ πρόκειται για δύο διαφορετικά άτομα. Η αγορά παιχνιδιών είναι ένα τέλειο παράδειγμα:

το παιδί είναι ο χρήστης-συνταγογράφος, αυτός που ξεκινά την πράξη της αγοράς, και ο γονέας είναι ο αγοραστής, αυτός που έχει την αγοραστική δύναμη. Πρέπει να ξέρουμε πώς να απευθυνθούμε στο παιδί, λαμβάνοντας υπόψη ότι ο γονέας είναι ο τελικός υπεύθυνος για τη λήψη αποφάσεων.

Ειδικά σε αυτό το στάδιο πρέπει να αφήσετε την κοινή λογική, τη διαίσθηση και την εμπειρία σας να λάμψουν: συχνά γνωρίζετε πολύ καλά τα τμήματά σας χωρίς να το γνωρίζετε. Η διαδικασία τμηματοποίησης έχει ως στόχο να χρησιμοποιήσει αυτή τη γνώση για βαθύτερη σκέψη.

👁 ΠΑΡΑΔΕΙΓΜΑ

Ο Mario θέλει να δημιουργήσει ένα ντελικατέσεν που θα προσφέρει αποκλειστικά ιταλικά προϊόντα βιολογικής καλλιέργειας στο 20ό διαμέρισμα του Παρισιού. Ένας νέος άνδρας γύρω στα τριάντα, ζει σήμερα εκεί ως διευθυντής σε μια νεοσύστατη επιχείρηση. Γνωρίζει καλά αυτή την ταχέως μεταβαλλόμενη περιοχή και ξέρει ότι είναι η αγορά-στόχος. Το πρώτο τμήμα στο οποίο απευθύνεται είναι επομένως ο ίδιος: ένας μάλλον νεαρός πληθυσμός, με άνετο εισόδημα, που ζει σε κοντινή απόσταση και είναι ευαίσθητος στην ποιότητα των προϊόντων που καταναλώνει. Έχει επίσης προσδιορίσει ως άλλο στόχο το αφεντικό του (πενηντάρης, με πολύ υψηλό εισόδημα, που ζει σε γειτονική περιοχή, λάτρης των εκλεκτών κρασιών) και τη φίλη του (30 ετών, δημοσιογράφος σε ιστοσελίδα μόδας, χορτοφάγος, ερωτευμένη με την Ιταλία από το πρώτο της ταξίδι στην Τοσκάνη πριν από τρία χρόνια).

Αυτό το παράδειγμα, το οποίο είναι λίγο κλισέ, έχει σκοπό να σας δείξει ότι τα τμήματά σας συχνά ενσαρκώνονται από ανθρώπους που βρίσκονται κοντά σας και ότι αυτοί οι άνθρωποι μπορεί να είναι ακόμη και η πηγή του έργου σας. Στην περίπτωσή μας, μπορούμε να υποθέσουμε ότι ο Mario έχει τη διαίσθηση ότι ικανοποιώντας μια προσδοκία που αισθάνεται στον εαυτό του και στο αφεντικό του, θα ικανοποιήσει την προσδοκία ενός σημαντικού τμήματος του πληθυσμού της γειτονιάς. Είναι σημαντικό σε αυτό το στάδιο να αισθάνεστε ελεύθεροι να εξερευνήσετε όλες τις πιθανότητες και να συζητήσετε γι' αυτές με ανθρώπους που εμπιστεύεστε, οι οποίοι μπορούν να σας προκαλέσουν και να σας βοηθήσουν να ωριμάσετε τη σκέψη σας. Μόνο στη συνέχεια, κατά τη διάρκεια της μελέτης πεδίου, θα ελέγξετε την ακρίβεια των προβλέψεών σας.

Κίνητρα, αντικίνητρα και αγοραστικές συνήθειες

Αφού ορίσετε τα τμήματα και τα προφίλ σας, πρέπει στη συνέχεια να μελετήσετε τα κίνητρα, τα εμπόδια και τις μεθόδους αγοράς των πελατών σας.

- Μπορεί να υπάρχουν πολλοί λόγοι για την αγορά:

    - ο ηδονιστής πελάτης επιδιώκει να απολαύσει το προϊόν/την υπηρεσία σας. Η πράξη της αγοράς σχετίζεται καθαρά με τη συμπάθεια του πελάτη για την προσφορά σας και δεν ανταποκρίνεται σε μια ορθολογική ανάγκη. Η αγορά ενός νέου προϊόντος, για παράδειγμα, μπορεί να κολακεύσει τον εγωισμό του αγοραστή, δίνοντάς του την εντύπωση ότι βρίσκεται στην αιχμή της καινοτομίας.

- ο ορθολογικός πελάτης βρίσκεται σε μια λογική πλεονεκτημάτων και μειονεκτημάτων. Η προσφορά σας πρέπει να αποδεικνύεται, ο στόχος πρέπει να αισθάνεται ασφαλής, να είναι πεπεισμένος ότι καλύπτετε μια ανάγκη και ότι, χωρίς αυτή την πράξη αγοράς, χάνει μια καλή συμφωνία.

- για τον πελάτη που καθοδηγείται από ηθικά ή κοινοτικά κίνητρα, είναι το αίσθημα καθήκοντος και/ή το αίσθημα του ανήκειν σε μια κοινότητα που πυροδοτεί την πράξη της αγοράς. Βρισκόμαστε στο όριο μεταξύ του ηδονισμού και του ορθολογισμού. Αυτό το κίνητρο μπορεί να αφορά τόσο τους πελάτες των προϊόντων δίκαιου εμπορίου (που μοιράζονται αυτές τις αξίες αλληλεγγύης) όσο και τους λάτρεις της Porsche (περισσότερο από ένα σπορ αυτοκίνητο, αυτή η μάρκα προσφέρει ένα στυλ και μια ηθική τρόπου ζωής με την οποία κάποιοι μπορούν να ταυτιστούν).

- **Τα φρένα είναι όλα τα εμπόδια στην πράξη της αγοράς:**

  - αν βασιστείτε σε ηδονικά κίνητρα, ο κύριος κίνδυνος είναι ότι ο πελάτης δεν θα ενδιαφέρεται για οτιδήποτε έχει σχέση με την κατοχή, για απολαύσεις που θεωρεί "μάταιες". Ακριβώς όπως και τα κίνητρα, το φρένο στην αγορά είναι δύσκολο να προβλεφθεί. Όλα θα εξαρτηθούν από την ικανότητά σας να κάνετε την προσφορά ελκυστική (μάρκετινγκ, επικοινωνία, πωλήσεις) και από την ακρίβεια της τμηματοποίησής σας.

  - για τα ορθολογικά κίνητρα, το φρένο είναι απλώς ότι η προσφορά σας δεν θεωρείται πολύ συμφέρουσα σύμφωνα με τον δείκτη που έχει θέσει το τμήμα των πελατών σας. Στην περίπτωση αυτή, θα πρέπει να δοθεί ιδιαίτερη προσοχή στην ψυχολογική τιμή και στη σαφή και απλή παρουσίαση των πλεονεκτημάτων της προσφοράς σας.

- Όσον αφορά τα ηθικά και κοινοτικά κίνητρα, το εμπόδιο μπορεί να είναι η κακή τοποθέτηση ή απλώς το γεγονός ότι ο πελάτης αποδοκιμάζει την προσφορά σας που δεν ταιριάζει με τις αξίες του.

- Αγοραστικά πρότυπα: πού και πώς αγοράζουν οι πελάτες;

  - Μια φορά την εβδομάδα, μια φορά το μήνα, μια φορά το χρόνο;

  - Στο Διαδίκτυο; Σε ένα κατάστημα;

  - Για τις εταιρείες: με αμοιβαία συμφωνία; Με πρόσκληση υποβολής προσφορών;

  - ...

Πρέπει να διατηρήσετε αυτές τις παραμέτρους υπό έλεγχο όσο το δυνατόν περισσότερο – μελετώντας στατιστικά στοιχεία όπως τα καταναλωτικά πρότυπα, την απογραφή του πληθυσμού και τα διαθέσιμα τοπικά δεδομένα. Είναι απαραίτητο να συμβουλευτείτε την ιστοσελίδα του Εθνικού Ινστιτούτου Στατιστικών και Οικονομικών Μελετών (INSEE) εάν βρίσκεστε στη Γαλλία ή της Statbel εάν βρίσκεστε στο Βέλγιο.

Μέγεθος στόχου

Το τρίτο βήμα για τον καθορισμό του στόχου σας είναι ο προσδιορισμός του μεγέθους του στόχου σας. Πόσους δυνητικούς πελάτες έχετε; Ο κύριος λόγος για τον οποίο αυτό το βήμα είναι σημαντικό είναι ότι θα καθορίσει άμεσα τον προβλεπόμενο κύκλο εργασιών σας.

Είναι σημαντικό σε αυτό το στάδιο να έχετε καταρτίσει σωστά την τμηματοποίησή σας για να γνωρίζετε ακριβώς τι είδους πελατεία στοχεύετε και σε ποια περιοχή πιστεύετε ότι μπορείτε να αναπτυχθείτε.

 ## ΠΑΡΑΔΕΙΓΜΑ

Ο Mario, αφού έλεγξε την ιστοσελίδα του INSEE, γνωρίζει ότι το 20ό διαμέρισμα του Παρισιού έχει περίπου 196 000 κατοίκους. Μετά από διασταυρώσεις, μπόρεσε να προσδιορίσει – χάρη ιδίως στη γνώση των συνηθειών των κατοίκων της περιοχής και των γειτονικών περιοχών – την περιοχή κάλυψης (τη γεωγραφική ζώνη από την οποία προέρχεται η πλειονότητα των πελατών μιας επιχείρησης): συνειδητοποίησε ότι στην πραγματικότητα αφορά μόνο ένα περιορισμένο τμήμα της εν λόγω περιοχής, αλλά εκτείνεται σε ένα τμήμα του 10ου και του 11ου διαμερίσματος. Ο συνολικός πληθυσμός του ανέρχεται σε περίπου 95.000 κατοίκους. Επικοινωνώντας με τα αρμόδια δημαρχεία, έλαβε ακριβέστερες πληροφορίες για τον πληθυσμό της περιοχής αυτής και, εστιάζοντας κυρίως στα κριτήρια τμηματοποίησης που είχε θέσει, γνώριζε ότι μπορούσε να προσεγγίσει περίπου 20.000 πελάτες.

Αυτή η αρχική εκτίμηση δεν είναι αντιπροσωπευτική του αριθμού των πελατών που θα προσεγγίσετε. Θα πρέπει να βελτιώσετε περαιτέρω τη μελέτη σας:

- λαμβάνοντας υπόψη τα μερίδια αγοράς του ανταγωνισμού σας,

- επαληθεύοντας τις εκτιμήσεις σας μέσω μιας μελέτης πεδίου (έρευνα, δημοσκοπήσεις κ.λπ.),

- λαμβάνοντας υπόψη τις δυνατότητές σας: όσον αφορά το χρόνο, τους πόρους παραγωγής, τον αριθμό του διαθέσιμου προσωπικού κ.λπ.

 ## ΚΑΛΟ ΕΙΝΑΙ ΝΑ ΓΝΩΡΙΖΕΤΕ

Η περιοχή κάλυψης προσδιορίζεται διαφορετικά ανάλογα με το είδος της επιχείρησης. Για παράδειγμα, η περιοχή κάλυψης ενός παντοπωλείου ορίζεται ως μια ακτίνα 300 μέτρων γύρω από την τοποθεσία του. Ως κύρια περιοχή κάλυψης ορίζεται η απόσταση περίπου 3 λεπτών με τα πόδια ή με αυτοκίνητο και ως δευτερεύουσα περιοχή κάλυψης ορίζεται η απόσταση 10 λεπτών.

Η ψυχολογική τιμή

Είναι πλέον καιρός να θέσετε το κρίσιμο ερώτημα: πόσο θα αγοράσουν οι πελάτες μου; Η τιμή που ορίζετε πρέπει να κυμαίνεται μεταξύ ενός πλατώ, κάτω από το οποίο ο πελάτης σας θα θεωρεί το προϊόν σας φθηνό και κακής ποιότητας, και ενός ανώτατου ορίου, πάνω από το οποίο ο πελάτης σας θα θεωρεί το προϊόν σας πολύ ακριβό.

Η τιμή αυτή μπορεί να διαφέρει για το ίδιο προϊόν ανάλογα με το πλαίσιο αγοράς. Σε ένα χώρο εξυπηρέτησης αυτοκινητόδρομου, για παράδειγμα, ο πελάτης θα δεχτεί να πληρώσει πολύ υψηλότερη τιμή για προϊόντα καθημερινής χρήσης από ό,τι θα θεωρούσε αποδεκτή σε ένα σούπερ μάρκετ.

Για τον καθορισμό αυτής της τιμής, μπορείτε να βασιστείτε σε:

- την εμπειρία σας και τη γνώση της αγοράς,

- τη συγκριτική αξιολόγηση που πραγματοποιήθηκε στη βιβλιογραφική σας ανασκόπηση.

 **ΚΑΛΟ ΕΙΝΑΙ ΝΑ ΓΝΩΡΙΖΕΤΕ**

Η συγκριτική αξιολόγηση είναι μια διαδικασία παρατήρησης των τάσεων στην αγορά σας με βάση μια συγκριτική ανάλυση του ανταγωνισμού. Σε ποιες τιμές πωλούν τα προϊόντα τους; Ποια επιχειρήματα μάρκετινγκ χρησιμοποιεί; Από ποια δίκτυα διανομής μπορείτε να βρείτε τα προϊόντα της; Η συγκριτική αξιολόγηση σας επιτρέπει να τοποθετηθείτε σε σχέση με τους ηγέτες της αγοράς.

ΒΙΒΛΙΟΓΡΑΦΙΚΗ ΑΝΑΣΚΟΠΗΣΗ – ΜΕΡΟΣ 2

Δεύτερον, η βιβλιογραφική ανασκόπηση θα σας επιτρέψει να εντοπίσετε τους ανταγωνιστές σας και τους ισχύοντες κανονισμούς.

Οι ανταγωνιστές

Η εξέταση των ανταγωνιστών σας σας επιτρέπει όχι μόνο να εκτιμήσετε το μερίδιο αγοράς τους, αλλά και να δείτε τι λειτουργεί για αυτούς και τι φαίνεται να λειτουργεί λιγότερο. Με αυτές τις παρατηρήσεις, θα είστε σε θέση να διαφοροποιήσετε την προσφορά σας καθορίζοντας τα ανταγωνιστικά σας πλεονεκτήματα.

Η παρουσία ανταγωνιστών σε μια αγορά είναι, αντίθετα με ό,τι μπορεί να νομίζετε, κάτι καλό. Δείχνει ότι υπάρχει πραγματική ζήτηση και σας επιτρέπει να παρατηρείτε. Οι πληροφορίες που συγκεντρώνετε σχετικά με τα δυνατά και αδύνατα σημεία των ανταγωνιστών σας είναι πολύτιμες για την τοποθέτησή σας. Προσέξτε, ωστόσο, ότι η αγορά δεν είναι κορεσμένη: να γνωρίζετε ότι αν οι ανταγωνιστές σας είναι πάρα πολλοί ή/και ελέγχουν σχεδόν ολόκληρη την αγορά, θα δυσκολευτείτε να επιβληθείτε σε μια ομάδα-στόχο που έχει ήδη τις συνήθειές της αλλού.

Η απουσία ανταγωνιστών θα πρέπει, από την άλλη πλευρά, να σας ωθήσει να αναρωτηθείτε για τη σκοπιμότητα της ιδέας σας: είτε το σχέδιό σας είναι καινοτόμο και, στην περίπτωση αυτή, θα ήταν σκόπιμο να μελετήσετε σε βάθος τις ευκαιρίες και τους κινδύνους αυτής της αγοράς, είτε δεν είναι και θα ήταν συνετό, πριν ξεκινήσετε, να διεξάγετε τη δική σας έρευνα για να προσδιορίσετε τους λόγους αυτής της απουσίας προσφοράς στην αγορά.

Γενικά γίνεται διάκριση μεταξύ:

- άμεσοι ανταγωνιστές, οι οποίοι προσφέρουν παρόμοια προϊόντα ή υπηρεσίες με τα δικά σας και είναι σαφώς αναγνωρίσιμοι. Αν το έχετε ήδη σκεφτεί αυτό και έχετε κάνει κάποια βασική έρευνα για να περιορίσετε το έργο σας, θα γνωρίζετε ήδη τα κυριότερα από αυτά,

- έμμεσους ανταγωνιστές, οι οποίοι δεν έχουν ακριβώς την ίδια προσφορά με εσάς, αλλά των οποίων η παρουσία στην αγορά σας αξίζει να ληφθεί υπόψη, επειδή αποσπά τον στόχο σας από την προσφορά σας. Εάν, για παράδειγμα, σχεδιάζετε να μετατρέψετε μια παλιά αγροικία σε bed and breakfast, θα πρέπει όχι μόνο να ελέγξετε για παρόμοιες προσφορές (τους άμεσους ανταγωνιστές σας) στην περιοχή που δραστηριοποιείστε, αλλά να λάβετε υπόψη σας και ξενοδοχεία, κάμπινγκ, ιδιώτες που νοικιάζουν τα καταλύματά τους κ.λπ.

Ο κανονισμός

Ενδέχεται να υπάρχουν κανονιστικές απαιτήσεις για την εγκατάσταση σε ορισμένα επαγγέλματα, όπως ελάχιστα προσόντα ή έτη εμπειρίας. Ενδέχεται επίσης να σας ζητηθεί να έχετε καθαρό ποινικό μητρώο, οικονομικές εγγυήσεις, επαγγελματική κάρτα κ.λπ.

Στην επιχείρησή σας ενδέχεται να ισχύουν άλλοι κανόνες και πρακτικές. Είτε πρόκειται για κανονισμούς υγιεινής και ασφάλειας, είτε για τεχνικά πρότυπα είτε για εγκρίσεις που εκδίδονται από τις αρχές, πρέπει να γνωρίζετε τα πρότυπα που ισχύουν στην αγορά σας, ώστε να προβλέψετε τις επιπτώσεις τους σε χρόνο και κόστος.

Σε κάθε περίπτωση, σας συμβουλεύουμε να επικοινωνήσετε με τον αρμόδιο οργανισμό, όπως το εμπορικό επιμελητήριο της περιοχής σας, για να μάθετε ποια ακριβώς είναι αυτά τα σημεία πριν ξεκινήσετε.

Η ΜΕΛΕΤΗ ΠΕΔΙΟΥ

Η μελέτη πεδίου ολοκληρώνει τη μελέτη τεκμηρίωσης και την φέρνει αντιμέτωπη με την πραγματικότητα. Μπορεί να χωριστεί σε τρία βασικά στάδια που θα σας επιτρέψουν να εισέλθετε σταδιακά στην πραγματικότητα της αγοράς σας.

⬤ ΜΙΚΡΟ ΣΥΝ

Σε αυτό το στάδιο της μελέτης, η συμπεριφορά σας θα πρέπει να κυμαίνεται μεταξύ της συμπεριφοράς ενός ερευνητή και της συμπεριφοράς ενός μελλοντικού διευθυντή εταιρείας: αναζητώντας την παραμικρή πληροφορία, είναι πιο σημαντικό από ποτέ να είστε περίεργοι, στρατηγικοί και τολμηροί.

Επικοινωνία με εμπειρογνώμονες του επαγγέλματος

Αυτό σημαίνει να πηγαίνετε σε εμπορικές εκθέσεις ή να επισκέπτεστε τους ανταγωνιστές σας, τους προμηθευτές σας, τους καταστηματάρχες στην περιοχή όπου θα εγκατασταθείτε, για να συγκεντρώσετε όσο το δυνατόν περισσότερες πληροφορίες, φυλλάδια και εντυπώσεις, τις οποίες μόνο μια επιτόπια μελέτη μπορεί να σας δώσει: τιμές, ποικιλία της προσφοράς, ποικιλία των φορέων, είδος πελατείας κ.λπ.

Εάν η προσφορά σας είναι "διάχυτη", δηλαδή δεν αφορά συγκεκριμένα έναν πληθυσμό σε μια συγκεκριμένη περιοχή, ή εάν αφορά μια περιοχή που είναι πολύ μεγάλη για να μελετηθεί στο σύνολό της, επιλέξτε ένα σχετικό πεδίο μελέτης. Για παράδειγμα, αν θέλετε να λανσάρετε μια εφαρμογή κινητής τηλεφωνίας που προσφέρει υπηρεσίες φύλαξης παιδιών σε όλο το Βέλγιο, επικεντρωθείτε σε έναν περιορισμένο αριθμό πόλεων όπου γνωρίζετε ότι η ζήτηση ποικίλλει ως προς το μέγεθός της (σύμφωνα με τα στατιστικά στοιχεία για την ηλικία του πληθυσμού που θα έχετε καταφέρει να συλλέξετε), προκειμένου να αποκτήσετε ένα αντιπροσωπευτικό δείγμα για ολόκληρο το τμήμα σας.

Παράλληλα με αυτή τη διαδικασία, μπορείτε να επικοινωνήσετε με :

- δίκτυα υποστήριξης για την έναρξη επιχειρήσεων. Στη Γαλλία, μπορείτε να βασιστείτε στα Εμπορικά και Βιομηχανικά Επιμελητήρια (CCI) και στο Agence France Entrepreneur (AFE),

- άτομα που γνωρίζετε ότι είναι ειδικοί στον τομέα της δραστηριότητάς σας και που θα μπορούσαν να σας ενημερώσουν για τις τάσεις της αγοράς, τις παγίδες που πρέπει να αποφύγετε και τις ευκαιρίες που πρέπει να εκμεταλλευτείτε. Να είστε προσεκτικοί με αυτές τις επαφές: οι πληροφορίες που σας δίνουν μπορεί να είναι ένα χρυσωρυχείο, αλλά προσέξτε να μην προδώσετε όλα τα επιχειρηματικά σας μυστικά.

Συνάντηση με τους πελάτες και τους ανταγωνιστές σας

Παρατηρήστε, πάρτε συνεντεύξεις και, αν είναι δυνατόν, αρχίστε να χτίζετε σχέσεις με τους δυνητικούς πελάτες σας. Η ιδέα δεν είναι να μετατραπείτε σε αντιπρόσωπο πωλήσεων, αλλά να συγκεντρώσετε ζωτικές πληροφορίες και να κάνετε ερωτήσεις σχετικές με την επιχείρησή σας. Για παράδειγμα, μπορείτε να μετρήσετε τον αριθμό των πελατών που περνούν από τη μελλοντική σας τοποθεσία κάθε ώρα, την ηλικία τους, να τους προσφέρετε να δοκιμάσουν ή να δοκιμάσουν το προϊόν σας, να τους ρωτήσετε για τις καταναλωτικές τους συνήθειες κ.λπ.

Ελέγξτε ότι τα ζεύγη προϊόντος/αγοράς (τμηματοποίηση) λειτουργούν σωστά. Αυτός είναι ο πρωταρχικός σκοπός της επιτόπιας έρευνας. Πρέπει να αξιολογήσετε τις υποθέσεις σας για τον κύκλο εργασιών για να δείτε αν ισχύουν και αν υπάρχει πελάτης-στόχος για την προσφορά σας σε αυτή την περιοχή. Να είστε ασυμβίβαστοι και να προσπαθήσετε να απαντήσετε σε αυτές τις δύο ερωτήσεις χωρίς να κρύβεστε από αυτές:

- Υπάρχει αρκετή ζήτηση για να λειτουργήσει η επιχείρησή μου;

- Πόσο καλά έχω εντοπίσει τους πελάτες μου; Είναι σωστές οι υποθέσεις μου για το τμήμα;

Εάν η απάντηση σε ένα από αυτά τα δύο ερωτήματα είναι αρνητική, μην κάνετε το λάθος να παραιτηθείτε πρόωρα ή, αντίθετα, να βιαστείτε να προχωρήσετε. Ο σκοπός της έρευνας πεδίου είναι να σας επιτρέψει να αναθεωρήσετε τις αρχικές σας υποθέσεις.

Χαρτογραφήστε την ποιότητα και την ποσότητα των ανταγωνιστών σας. Αναλύστε τον αριθμό, το μέγεθος και τη θέση των άμεσων και έμμεσων ανταγωνιστών σας. Για κάθε ανταγωνιστή, αναφέρετε τις χρήσιμες πληροφορίες που έχετε λάβει από την προκαταρκτική σας μελέτη, συμπληρωμένες από πληροφορίες που συλλέξατε στο πεδίο. Αυτό μπορεί να περιλαμβάνει τα διάφορα προϊόντα ή υπηρεσίες που προσφέρουν, τον τρόπο παρουσίασής τους, το μέγεθος και τη συχνότητα των πωλήσεών τους, τη σχέση των διευθυντών τους με τους πελάτες τους, την τοποθεσία τους, το μάρκετινγκ και την επικοινωνία τους κ.λπ.

Η μελέτη πεδίου μπορεί να είναι σχετικά απλή και συνοπτική, είτε επειδή είστε ήδη ειδικός στην αγορά σας μέσω της εμπειρίας σας, είτε επειδή η αγορά σας είναι βασική (απλά προϊόντα, ομοιογενής πελατεία κ.λπ.). Πολύ συχνά, όμως, είναι απαραίτητο να προχωρήσετε περαιτέρω και να πραγματοποιήσετε πρόσθετες μελέτες που θα βελτιώσουν την ανάλυσή σας.

- **Οι ποσοτικές μελέτες** (που γενικά προορίζονται για καταναλωτικά προϊόντα) συνίστανται σε σύντομη υποβολή ερωτήσεων σε μεγάλο αριθμό στόχων (από εκατό έως αρκετές χιλιάδες άτομα), προκειμένου να εκτιμηθεί, χρησιμοποιώντας τους νόμους της στατιστικής, μια γενική τάση. Αυτά τα πολύ σύντομα ερωτηματολόγια ανατίθενται γενικά σε εξειδικευμένες εταιρείες.

- **Οι ποιοτικές μελέτες, οι οποίες** είναι πιο μακροχρόνιες και λεπτομερείς, επικεντρώνονται σε περιορισμένο αριθμό στοχευμένων καταναλωτών (μερικές δεκάδες άτομα). Παρέχουν λεπτομερείς πληροφορίες σχετικά με τις συνήθειες, τα κίνητρα και τα εμπόδια αυτών των ανθρώπων. Αυτά τα ερωτηματολόγια χρησιμοποιούν ερωτήσεις ανοικτού τύπου που αποσκοπούν στην απόκτηση όσο το δυνατόν περισσότερων πληροφοριών από τον πελάτη. Συνιστάται θερμά να ζητήσετε τη βοήθεια ειδικού για να καθορίσετε σαφώς τις σχετικές ερωτήσεις, τη σειρά με την οποία θα πρέπει να τοποθετηθούν και να αναλύσετε τις απαντήσεις με ουσιαστικό τρόπο.

Αυτές οι μελέτες οδηγούν φυσικά σε μια φάση δοκιμών και αναζήτησης. Οι άνθρωποι με τους οποίους θα έχετε έρθει σε επαφή κατά την πρώτη σας προσέγγιση και εκείνοι από τους οποίους θα έχετε πάρει συνέντευξη, αν έχετε ολοκληρώσει αυτή τη διαδικασία με μια ποιοτική μελέτη, είναι δυνητικά οι πρώτοι σας πελάτες. Παρόλο που δεν έχετε ακόμη συστήσει την εταιρεία σας, μπορείτε ήδη να δημιουργήσετε ένα αρχείο πελατών και να λαμβάνετε προκαταβολικές παραγγελίες. Αυτό το βήμα είναι πολύ σημαντικό: σας επιτρέπει να γνωρίσετε τους πελάτες σας και να χρησιμοποιήσετε το δίκτυό σας για να το επεκτείνετε σταδιακά. Σας διδάσκει επίσης τον εαυτό σας ως επιχειρηματία. Σε τι είμαι καλός; Πού πρέπει να βελτιωθώ;

ΤΑ ΣΥΜΠΕΡΑΣΜΑΤΑ ΤΗΣ ΜΕΛΕΤΗΣ ΣΑΣ

Έχετε πλέον έναν πλούτο πληροφοριών που έχετε συλλέξει, επαληθεύσει και διασταυρώσει και τις οποίες μπορέσατε να αντιμετωπίσετε στο πεδίο με την πραγματικότητα της αγοράς σας, συναντώντας τους ανταγωνιστές σας και τους μελλοντικούς σας πελάτες. Έχετε επίσης αποκτήσει αντανακλαστικά που δεν θα σας εγκαταλείψουν ποτέ, επαφές που θα είναι πολύτιμες αργότερα και ίσως έχετε ήδη λάβει μερικές παραγγελίες που θα σας επιτρέψουν να ξεκινήσετε τη δραστηριότητά σας με ενεργό πελατολόγιο.

Τώρα είναι σημαντικό να ολοκληρώσετε την έρευνα αγοράς σας.

Η επιχειρηματική σας στρατηγική

Πρόκειται για τον εντοπισμό των ανταγωνιστικών σας πλεονεκτημάτων, δηλαδή τι έχετε να προσφέρετε που δεν προσφέρουν οι ανταγωνιστές σας. Ποια είναι τα δυνατά σας σημεία; Ποιες είναι οι αδυναμίες σας;

- **Καθορίστε τα ζεύγη προϊόντος/αγοράς σας: τοποθέτηση**.

  Έχετε προσωπική γνώση του βασικού σας στόχου. Έχετε ελέγξει τις παραδοχές σας και γνωρίζετε ποια σειρά προϊόντων θα προσεγγίσει έναν συγκεκριμένο πελάτη στον οποίο στοχεύετε, ποια σειρά προϊόντων θα απευθύνεται σε μια πιο διάχυτη και απρόβλεπτη πελατεία κ.λπ. Επομένως, μπορείτε να καθορίσετε την τοποθέτησή σας. Στενά συνδεδεμένη με την έννοια του ανταγωνιστικού πλεονεκτήματος, η έννοια αυτή εκφράζει τη θέση που κατέχει ένα προϊόν ή μια υπηρεσία σε σχέση με τον ανταγωνισμό, τους καταναλωτές και, γενικότερα, ολόκληρο το περιβάλλον της αγοράς. Η τοποθέτηση ενός προϊόντος ή μιας υπηρεσίας σημαίνει να καταστεί μοναδικό και σαφώς αναγνωρίσιμο, είτε με την ελκυστική τιμή του, είτε με το γεγονός ότι είναι καινοτόμο (εντελώς νέο, πιο ποιοτικό, με πρόσθετες λειτουργίες κ.λπ.), είτε με τα μέσα που χρησιμοποιούνται για την προώθησή του (στρατηγική μάρκετινγκ και επικοινωνίας).

- **Καθορίστε τις τιμές σας**. Η τιμή πώλησης πρέπει να λαμβάνει υπόψη διάφορες παραμέτρους, περισσότερο ή λιγότερο σύνθετες ανάλογα με τη δραστηριότητα. Σε κάθε περίπτωση, θα πρέπει να λάβετε υπόψη :

  - την τιμή κόστους. Πρέπει να ορίσετε τη σωστή τιμή. Αρκετά ελκυστική για να σας επιτρέψει να τοποθετηθείτε στην αγορά, αλλά ταυτόχρονα αρκετά υψηλή για να καλύψετε όλα τα έξοδά σας και να αποφύγετε τον πόλεμο τιμών με τους ανταγωνιστές σας,

  - την τοποθέτηση του ανταγωνισμού. Πώς αντιδρούν οι ανταγωνιστές μου στις διακυμάνσεις της αγοράς; Πώς

μπορούν οι σχέσεις με τους προμηθευτές να επηρεά-
σουν την αγορά; Ποιοι είναι οι περιορισμοί του επαγγέλ-
ματός μου και ποιες επιλογές κάνουν οι ανταγωνιστές
μου για να τους παρακάμψουν;

- η ψυχολογική τιμή. Όπως είδαμε παραπάνω, δεν πρέπει
να το παρακάνετε, αλλά προσέξτε όσους κάνουν το
λάθος να θέτουν πολύ χαμηλές τιμές. Σε ορισμένους
τομείς, όπως η πολυτέλεια ή η εστίαση, η τοποθέτησή
σας μπορεί ακόμη και να αποσκοπεί στην κολακεία της
υπερηφάνειας των πελατών σας, θέτοντας ιδιαίτερα
υψηλές τιμές,

- Ελαστικότητα της ζήτησης. Πρόκειται για την τάση των
πελατών σας να στερηθούν το προϊόν ή την υπηρεσία
σας ως απάντηση στις αλλαγές της αγοραστικής τους
δύναμης. Ένα προϊόν ή μια υπηρεσία λέγεται "ελαστικό"
εάν είναι ευαίσθητο σε αυτές τις μεταβολές.

Τις παραδοχές σας για τον κύκλο εργασιών και τους στόχους πωλήσεων

Θα πρέπει να αξιολογήσετε τη σκοπιμότητα του σχεδίου σας
μακροπρόθεσμα, ενώ παράλληλα θα πρέπει να φροντίσετε
να εκτιμήσετε τις ανάγκες σας σε ταμειακές ροές για την
έναρξη της επιχείρησης.

**Πρώτα απ' όλα, κάντε την προβλεπόμενη κατάσταση εσό-
δων σας**. Ο στόχος σας είναι να προσδιορίσετε ποια θα είναι
τα αποτελέσματά σας σε διάστημα δύο έως τριών ετών. Αυτό
περιλαμβάνει το πρώτο έτος (έτος "n"), καθώς και το δεύτερο
και το τρίτο έτος ("n+1" και "n+2"). Αυτές οι προβλέψεις θα
σας επιτρέψουν να απαντήσετε στην πρώτη σας ανησυχία: αν

η επιχείρησή σας είναι βιώσιμη μακροπρόθεσμα. Γενικά, το πρώτο έτος είναι ζημιογόνο (περισσότερα έξοδα από έσοδα) και αρχίζετε να βγάζετε κέρδη μόνο από το n+1 και μετά, ή ακόμη και από το n+2 για έργα που απαιτούν μεγάλες επενδύσεις στην αρχή. Για να κάνετε αυτή την πρόβλεψη, πρέπει να συγκεντρώσετε όλα τα στοιχεία που έχετε σε έναν πίνακα. Αυτή η εκτίμηση θα αποτελέσει τη βάση για το επιχειρηματικό σας σχέδιο.

Προσδιορίστε επίσης τις απαιτήσεις σας σε κεφάλαιο κίνησης (WCR). Το σημείο νεκρού σημείου επιτυγχάνεται όταν η επιχείρηση επιτυγχάνει κύκλο εργασιών που καλύπτει το σταθερό και το μεταβλητό κόστος. Πέραν αυτού του σημείου, θα πρέπει να έχετε επαρκή οικονομικά αποθέματα για να καλύψετε τις δαπάνες που συσσωρεύονται (μερικές φορές απρόβλεπτα). Η μη πρόβλεψη αυτού του γεγονότος θα μπορούσε να έχει δραματικές συνέπειες, αναγκάζοντάς σας να σταματήσετε την επιχείρησή σας, ενώ είχε όλες τις πιθανότητες επιτυχίας.

Είναι δύσκολο να εκτιμήσετε το WCR με ακρίβεια, αλλά μπορείτε να ορίσετε ένα εύρος με βάση όλα τα στοιχεία που έχετε συγκεντρώσει κατά τη διάρκεια της έρευνάς σας. Όλες αυτές οι προβλέψεις, με βάση τα αποτελέσματα της έρευνάς σας για την αγορά, θα σας επιτρέψουν να αποφασίσετε αν έχει νόημα να ξεκινήσετε αυτή την περιπέτεια τώρα. Εκτός από αυτά τα αμιγώς αντικειμενικά στοιχεία, υπάρχουν φυσικά και άλλοι παράγοντες που έχουν ζωτική σημασία: τα κίνητρά σας, η υποστήριξη του σχεδίου σας από τους οικείους σας, η εμπιστοσύνη που έχετε στους ανθρώπους που σας στηρίζουν οικονομικά, η σχέση σας με τους πιθανούς εταίρους σας κ.λπ.

ΚΟΡΥΦΑΙΕΣ ΣΥΜΒΟΥΛΕΣ

- **Εμπιστευτείτε την κοινή σας λογική.** Η μεθοδολογία είναι σημαντική, αλλά το ίδιο ισχύει και για τη διαίσθηση και τις επαγωγικές σας ικανότητες: είναι αυτές οι ικανότητες που σας καθοδηγούν και σας βοηθούν να διακρίνετε, με τη βοήθεια αυτής της μεθόδου, τι θα λειτουργήσει και τι πρέπει να αναθεωρηθεί, να διορθωθεί ή να εγκαταλειφθεί.

- **Να είστε εξαντλητικοί.** Εμπιστευτείτε τις αρετές μιας καλά διεξαχθείσας μελέτης αγοράς: απαλλαγείτε από ό,τι δεν ανήκει στο έργο σας και αξιοποιήστε στο έπακρο την αρχική σας ιδέα, το νέκταρ της. Δεν είναι ώρα να κρυφτείτε από αυτό!

- **Να είστε συγκεκριμένοι.** Βάλτε αριθμούς, διατυπώστε επιχειρήματα και προσεγγίστε την αγορά σας όσο το δυνατόν περισσότερο. Το αποτέλεσμα της μελέτης σας πρέπει να είναι συγκεκριμένο. Δεν έχει σημασία αν αποδειχθεί ανακριβής: δεν μπορείτε να ελέγξετε όλες τις παραμέτρους, αλλά μπορείτε να κάνετε ακριβείς και μετρημένες επιλογές που η εμπειρία θα επιβεβαιώσει ή θα διαψεύσει.

- **Να είστε ταπεινοί και τολμηροί.** Δεν αναμένεται να γνωρίζετε τα πάντα. Οι επαφές σας θα είναι συνεργάσιμες αν αναγνωρίσετε – χωρίς παράπονα! – ότι χρειάζεστε τις συμβουλές τους, τη βοήθειά τους. Μη διστάσετε να επικοινωνήσετε με ανθρώπους που αρχικά φαίνονται απρόσιτοι και των οποίων η στάση μπορεί να σας εκπλήξει θετικά.

- **Να είστε υπομονετικοί... αλλά όχι πάρα πολύ**. Μην παρασύρεστε από τη βιασύνη και τις ερωτήσεις όπως: "Λοιπόν, πώς πάει η εταιρεία σας; Θα αισθανθείτε φυσικά πότε το έργο σας είναι ώριμο. Αλλά μην προσπαθήσετε να ελέγξετε όλες τις παραμέτρους και να προστατευτείτε από το παραμικρό πρόβλημα: η δημιουργία της δικής σας επιχείρησης σημαίνει ότι παίρνετε ρίσκο!

- **Βγες από τη σπηλιά σου**. Ενδιαφερθείτε για την αγορά σας, να είστε συνεχώς σε επιφυλακή, να κάνετε ερωτήσεις στους μελλοντικούς σας πελάτες και, αν είναι δυνατόν, να γνωρίσετε τους ανταγωνιστές σας. Αν δεν το κάνετε αυτό, οι πιθανότητες είναι ότι το σχέδιό σας δεν είναι ακόμη ώριμο... Προκαλέστε τον εαυτό σας και αποδεχτείτε την αντιπαράθεση με την αγορά σας: αυτό είναι πραγματικά ένα από τα μεγάλα οφέλη της μελέτης, η οποία, πέρα από την υλική της χρησιμότητα, θα πρέπει να σας επιτρέψει να ενσωματώσετε το σχέδιό σας και να το κάνετε να μοιάζει με εσάς.

Είστε υπάλληλος; Υποβάλετε αίτηση για μερική απασχόληση, άδεια δημιουργίας επιχείρησης ή εκπαιδευτική άδεια. Σύμφωνα με ορισμένους όρους και προϋποθέσεις, η γαλλική νομοθεσία σας παρέχει ορισμένα δικαιώματα για να δημιουργήσετε τη δική σας επιχείρηση: από 6 έως 11 μήνες "εκπαιδευτική άδεια" ή ένα έτος ανανεώσιμη "άδεια δημιουργίας μερικής απασχόλησης" ή "άδεια δημιουργίας". Όλες οι τελευταίες πληροφορίες σχετικά με τα θέματα αυτά είναι διαθέσιμες στον ιστότοπο του Agence France Entrepreneur (AFE), πρώην APCE.

ΣΥΧΝΕΣ ΕΡΩΤΗΣΕΙΣ

ΕΙΝΑΙ ΠΡΑΓΜΑΤΙΚΑ ΑΠΑΡΑΙΤΗΤΗ Η ΕΡΕΥΝΑ ΑΓΟΡΑΣ;

Παρόλο που δεν απαιτείται καμία μελέτη από νομικής άποψης για τη σύσταση της επιχείρησής σας, το στάδιο αυτό είναι απαραίτητο για να γνωρίζετε την τοποθέτησή σας, το κόστος σας, το κανάλι διανομής σας, τον δυνητικό σας κύκλο εργασιών, την περιοχή προσέγγισής σας κ.λπ. Με τον κίνδυνο να επαναλάβουμε τους εαυτούς μας, το να έχετε την εντύπωση ότι γνωρίζετε καλά την αγορά δεν σας απαλλάσσει από το να περάσετε από αυτό το στάδιο, το οποίο συχνά μπορεί να επιφυλάσσει εκπλήξεις! Ωστόσο, υπάρχουν δύο εξαιρέσεις που μπορεί να δικαιολογήσουν έναν επιχειρηματία να μην κάνει μελέτη αγοράς:

- είστε αυτοαπασχολούμενος επιχειρηματίας και η δραστηριότητα αυτή είναι μόνο μια παράλληλη δραστηριότητα ή ένα είδος δοκιμής στο τέλος της οποίας θα αποφασίσετε αν θα επενδύσετε πιο σοβαρά ή όχι. Στόχος του καθεστώτος του αυτοαπασχολούμενου είναι ακριβώς η απλούστευση των διαδικασιών σας, επομένως δεν είναι απαραίτητη η εκπόνηση μελέτης αγοράς σε αυτό το στάδιο,

- ξεκινάτε μια καινοτόμο δραστηριότητα όπου η ταχύτητα στην αγορά είναι ζωτικής σημασίας. Σε ειδικές περιπτώσεις όπου πρέπει να είστε οι πρώτοι στην αγορά, είναι κατανοητό ότι μια μελέτη που μπορεί να διαρκέσει αρκετούς μήνες δεν αποτελεί προτεραιότητα.

ΠΩΣ ΝΑ ΜΟΡΦΟΠΟΙΗΣΩ ΤΗΝ ΕΡΕΥΝΑ ΜΟΥ ΓΙΑ ΤΗΝ ΑΓΟΡΑ;

Η μόνη απάντηση που μπορούμε να δώσουμε είναι ότι ο καθένας είναι υπεύθυνος για την επιχείρησή του: όπως την αισθάνεται! Είστε απολύτως ελεύθεροι να παρουσιάσετε τη μελέτη σας με συνθετικό και δομημένο τρόπο, ώστε να μπορεί να χρησιμεύσει ως αποτελεσματικό εργαλείο εργασίας. Αν έχετε ήδη αρχίσει να σκέφτεστε τον γραφικό χάρτη της εταιρείας σας, χρησιμοποιήστε τα στοιχεία που έχετε. Αλλά κανείς δεν θα σας κατηγορήσει για μια απλή και συνοπτική παρουσίαση.

ΠΟΙΑ ΕΙΝΑΙ Η ΔΙΑΦΟΡΑ ΜΕΤΑΞΥ ΜΙΑΣ ΜΕΛΕΤΗΣ ΑΓΟΡΑΣ ΚΑΙ ΕΝΟΣ ΕΠΙΧΕΙΡΗΜΑΤΙΚΟΥ ΣΧΕΔΙΟΥ;

Η έρευνα αγοράς και ο επιχειρηματικός σχεδιασμός συχνά συγχέονται. Πρόκειται στην πραγματικότητα για δύο στάδια της ίδιας διαδικασίας. Η μελέτη της αγοράς σας επικυρώνει ή ακυρώνει το σχέδιό σας, σας επιτρέπει να απεικονίσετε όλα τα χαρακτηριστικά και τις ευκαιρίες της αγοράς και καθορίζει μια αρχική πορεία. Το επιχειρηματικό σχέδιο είναι το συνοπτικό έγγραφο που προκύπτει άμεσα από αυτή τη μελέτη και έχει πιο επίσημο χαρακτήρα. Επιτρέπει τη λεπτομερή ανάπτυξη του έργου και χρησιμεύει ως επιχείρημα για να πείσετε τους οικονομικούς σας εταίρους. Ειδικά για το έγγραφο αυτό πρέπει να προσέξετε το έντυπο.

Ακολουθήστε την ίδια μέθοδο, λαμβάνοντας υπόψη ότι η περιοχή κάλυψης, οι πελάτες σας, οι ανταγωνιστές σας και όλες οι άλλες παράμετροι που συζητήσαμε πρέπει να εξεταστούν σε έναν χώρο που δεν είναι πλέον φυσικός, αλλά εικονικός. Αξιοποιήστε στο έπακρο τις μηχανές αναζήτησης, τις στατιστικές και τις μελέτες που είναι διαθέσιμες για το τμήμα της αγοράς σας, τα κοινωνικά δίκτυα και τις ιστοσελίδες των ανταγωνιστών σας για να λάβετε τις πληροφορίες που χρειάζεστε. Συχνά είναι πολύ πιο εύκολο να αντλήσει κανείς πληροφορίες και να στοχεύσει πελάτες στο Διαδίκτυο, όπου οι κοινότητες είναι στην πραγματικότητα πιο ορατές από ό,τι στο δημόσιο χώρο.

ΠΟΣΟ ΚΟΣΤΙΖΕΙ ΜΙΑ ΜΕΛΕΤΗ ΑΓΟΡΑΣ ΑΠΟ ΕΞΩΤΕΡΙΚΟ ΠΑΡΟΧΟ ΥΠΗΡΕΣΙΩΝ;

Όπου είναι δυνατόν, σας συμβουλεύουμε να πραγματοποιήσετε τη μελέτη αυτή μόνοι σας. Ωστόσο, είναι φυσιολογικό ότι στην περίπτωση ορισμένων πολύπλοκων υπηρεσιών για τις οποίες δεν διαθέτετε τις απαιτούμενες δεξιότητες, θα πρέπει να απευθυνθείτε σε εξωτερικό πάροχο υπηρεσιών. Οι επιλογές σας περιλαμβάνουν

- η εταιρεία συμβούλων είναι η πιο ακριβή. Αναμένετε να πληρώσετε τουλάχιστον 8.000 ευρώ για μια πλήρη μελέτη,

- Οι νεανικές εταιρείες (ενώσεις φοιτητών από σχολές διοίκησης επιχειρήσεων ή μηχανικών) προσφέρουν υπηρεσίες σε χαμηλότερο επίπεδο, αλλά συχνά υπό την εποπτεία ενός καθηγητή-καθηγητή. Θα σας κοστίσει περίπου 3.000 ευρώ για μια πλήρη μελέτη,

- εάν το επιχειρηματικό σας μοντέλο είναι σχετικά κοινό, μπορείτε επίσης να αγοράσετε μοντέλα και αποτελέσματα ερευνών που σχετίζονται με το έργο σας. Αυτή η προσέγγιση είναι πιο συγκεκριμένη και συχνά αφορά μόνο ένα μέρος του έργου σας. Ανάλογα με τη σπουδαιότητα της μελέτης, μπορείτε να περιμένετε να πληρώσετε από μερικές δεκάδες ευρώ έως 1.500 ευρώ.

ΠΩΣ ΜΠΟΡΩ ΝΑ ΞΕΡΩ ΑΝ Η ΜΕΛΕΤΗ ΜΟΥ ΕΙΝΑΙ ΑΞΙΟΠΙΣΤΗ;

Η έρευνά σας είναι αξιόπιστη εάν, στο τέλος της, έχετε μια θετική κατάσταση προβλεπόμενων εσόδων και δεν έχετε παραβλέψει καμία λεπτομέρεια. Πρέπει επίσης να δεχτείτε ότι οι συνθήκες μπορεί να ανατρέψουν τις ιδανικές προβλέψεις σας: μια αξιόπιστη μελέτη αγοράς λαμβάνει υπόψη τους κινδύνους αυτούς. Θα πρέπει να σας κάνει να αισθάνεστε σίγουροι για τις πιθανότητες επιτυχίας σας, ανεξαρτήτως συνθηκών.

ΠΟΙΑ ΜΕΘΟΔΟ ΠΡΕΠΕΙ ΝΑ ΥΙΟΘΕΤΗΣΩ ΕΑΝ ΤΟ ΕΡΓΟ ΜΟΥ ΕΙΝΑΙ ΕΝΤΕΛΩΣ ΚΑΙΝΟΤΟΜΟ;

Σε αυτή την περίπτωση, σας συμβουλεύουμε να απευθυνθείτε σε μια εταιρεία που ειδικεύεται στον τομέα σας.

Μπορείτε επίσης να διαβάσετε για τη μέθοδο Lean Startup, που επινοήθηκε από τον Eric Ries (Αμερικανός επιχειρηματίας, γεννημένος το 1978). Η μέθοδος αυτή έχει σχεδιαστεί για να μπορεί να προσαρμοστεί σε οποιοδήποτε καινοτόμο έργο και υιοθετήθηκε αρχικά από πολλές εταιρείες της Silicon Valley. Χρησιμοποιείται πλέον ευρέως από τους δημιουργούς καινοτόμων έργων.

ΑΠΟ ΕΣΑΣ ΕΞΑΡΤΑΤΑΙ!

ΚΑΝΤΕ ΜΙΑ ΑΝΑΛΥΣΗ SWOT ΤΗΣ ΠΡΟΣΦΟΡΑΣ ΣΑΣ

Η ανάλυση SWOT (*Strengths, Weaknesses, Opportunities, Threats*) προσφέρει μια πρωτότυπη μεθοδολογία για τον προσδιορισμό :

- **τα δυνατά σας σημεία**. Ποια είναι τα σημεία στα οποία είστε σαφώς βέβαιοι ότι μπορείτε να βασιστείτε για να αναπτύξετε την επιχείρησή σας;

- **τις αδυναμίες σας**. Ποια είναι τα σημεία που γνωρίζετε ότι δεν είναι υπέρ σας, οι γκρίζες ζώνες που θα μπορούσαν να βελτιωθούν;

- **τις ευκαιρίες σας**. Ποιες περιστάσεις εκτός της προσφοράς σας μπορούν να λειτουργήσουν υπέρ σας; Σε ποιες επαφές, εκδηλώσεις, τάσεις μπορείτε να βασιστείτε;

- **τις απειλές σας.** Ποιες περιστάσεις θα μπορούσαν, αντίθετα, να λειτουργήσουν εναντίον σας;

ΦΤΙΑΞΤΕ ΤΟ ΔΙΚΟ ΣΑΣ ΕΡΩΤΗΜΑΤΟΛΟΓΙΟ

Οι 5 χρυσοί κανόνες για ένα επιτυχημένο ερωτηματολόγιο :

1. **Θέστε έναν σαφή στόχο χωρίς να προσπαθείτε να επηρεάσετε τις απαντήσεις**. Για παράδειγμα, αν θέλετε να μάθετε την τιμή στην οποία οι πελάτες σας θα αγόραζαν το προϊόν

σας, μην προσπαθήσετε να επηρεάσετε την απάντησή τους προς την τιμή που, σύμφωνα με τις προβλέψεις σας για τον κύκλο εργασιών, θα σας επέτρεπε να γίνετε γρήγορα κερδοφόροι.

2. **Επικεντρωθείτε σε ένα μόνο τμήμα.** Οι εταιρείες συμβούλων και οι νεότερες εταιρείες γνωρίζουν πώς να χειρίζονται πολύπλοκα διατομεακά δεδομένα. Δεν είστε, κατ' αρχήν. Το "εσωτερικό ερωτηματολόγιό" σας θα είναι επιτυχημένο μόνο εάν απευθύνεται σαφώς σε έναν συγκεκριμένο τύπο πελάτη.

3. **Κρατήστε τις ερωτήσεις σας απλές και ουσιαστικές.** Αποφύγετε τις ερωτήσεις που είναι πολύ κλειστές (που θα απαντηθούν μόνο με ένα "ναι" ή "όχι"), αλλά επίσης μην κάνετε ερωτήσεις που θα μπορούσαν να οδηγήσουν τους ερωτηθέντες να χαθούν στην τυχαία ανάλυση. Χρησιμοποιήστε ερωτήσεις πολλαπλής επιλογής και ερωτήσεις ανοικτού τύπου που απαιτούν σύντομες απαντήσεις.

4. **Ξεκινήστε από το γενικό και προχωρήστε προς το ειδικό.** Οι ερωτήσεις σας θα πρέπει να είναι προοδευτικές και να οδηγούν τον ερωτώμενο να σας δίνει όλο και πιο ακριβείς ή/και υποκειμενικές απαντήσεις.

5. **Μην βγάζετε βιαστικά συμπεράσματα.** Μόλις διεξάγετε την έρευνά σας, μη διστάσετε να απευθυνθείτε σε έναν ειδικό για να επικυρώσει ή να ακυρώσει τα συμπεράσματά σας.

ΓΙΑ ΝΑ ΠΡΟΧΩΡΗΣΕΤΕ ΠΕΡΑΙΤΕΡΩ

ΒΙΒΛΙΟΓΡΑΦΙΚΕΣ ΠΗΓΕΣ

BOUVIER (Xavier) (επιμ.), *Créer son entreprise*, Παρίσι, Nathan – Les Echos, 2011.

CHEVAUCHÉ (Cédric), *L'indispensable pour créer son entreprise*, Héricy, Éditions du Puits Fleuri, 2014.

FROGER (Valérie), *Le guide complet de la création d'entreprise*, Παρίσι, L'entreprise, 2011.

GIANELLON (Jean-Luc) και VERNETTE (Éric), *Études de marché*, Παρίσι, Vuibert, 2015.

GUCHET (Lucie), *Se mettre à son compte en 10 étapes*, Héricy, Éditions du Puits Fleuri, 2013.

RIES (Eric), *Lean Startup. Υιοθετήστε τη συνεχή καινοτομία*, Montreuil, Pearson France, 2012.

SPETH (Christophe), *The SWOT matrix and corporate strategy*, Βρυξέλλες, Lemaitre Publishing, 2014.

VINAY (Elizabeth), *Réaliser votre étude de marché avec succès*, Paris, Eyrolles, 2013.

ΠΡΟΣΘΕΤΕΣ ΠΗΓΕΣ

BRAULT (David) και SION (Michel), *Réussir son business plan*, Παρίσι, Dunod, 2016.

LEAN ASSEMBLY, *Συμβουλές για την έρευνα της αγοράς σας*, 2015. https://www.youtube.com/watch?v=-9jLpOZyjLw

KOTLER (Philippe), *Marketing Management*, Montreuil, Pearson Education, 2015.

Δικτυακός τόπος του Agence France Entrepreneur: www. afecreation.fr

Ιστοσελίδα της Συνέλευσης των γαλλικών εμπορικών και βιομηχανικών επιμελητηρίων: http://www.cci.fr/web/creation-d-entreprise/projet-reussite

Ιστοσελίδα της Γενικής Διεύθυνσης Στατιστικής: http://statbel. fgov.be/

Δικτυακός τόπος του INSEE: http://www.insee.fr/fr/accueil

SOULEZ (Sébastien), *L'essentiel du marketing*, Παρίσι, Gualino – Lextenso éditions, 2011.

IMPROVE YOUR
GENERAL KNOWLEDGE
IN THE BLINK OF AN EYE!

www.50minutes.com

Κύριο ISBN: 9782808664233
ISBN: 9782808671651
Νόμιμη κατάθεση: D/2023/12603/487

Ψηφιακός σχεδιασμός: Primento,
ο ψηφιακός συνεργάτης των εκδοτών.